Quem sou eu?

PHILIP BUNTING

Tradução: Gilda de Aquino

BRINQUE·BOOK

Somos todos uma só consciência, que vivencia subjetivamente seu próprio mundo interior.
Bill Hicks
(crítico social, músico e comediante estadunidense)

Copyright do texto e das ilustrações © 2020 by Philip Bunting
Philip Bunting afirma seus direitos morais enquanto autor e ilustrador desta obra.

Publicado originalmente em 2020 por Omnibus Books, um selo da Scholastic Australia Pty Limited.
Esta edição foi publicada mediante acordo com a Scholastic Australia Pty Limited.

Grafia atualizada segundo o Acordo Ortográfico da Língua Portuguesa de 1990, que entrou em vigor no Brasil em 2009.

Título original
WHO AM I?

Revisão
FÁTIMA COUTO
BARBARA BENEVIDES
WILLIANS CALAZANS

Composição
MAURICIO NISI GONÇALVES

CIP-Brasil. Catalogação na Publicação
Sindicato Nacional dos Editores de Livros, RJ

B961q

    Bunting, Philip
        Quem sou eu? / [texto e ilustrações] Philip Bunting ; tradução de Gilda de Aquino. – 1ª ed. – São Paulo : Brinque-Book, 2021.

        Tradução de: Who am I?
        ISBN 978-65-5654-012-2

        1. Ficção. 2. Literatura infantojuvenil australiana. I. Aquino, Gilda de. II. Título.

21-71103   CDD: 808.899282
         CDU: 82-93(94)

Leandra Felix da Cruz Candido - Bibliotecária - CRB-7/6135

3ª reimpressão

Todos os direitos desta edição reservados à
BRINQUE-BOOK EDITORA DE LIVROS LTDA.
Rua Bandeira Paulista, 702, cj. 72C
04532-002 – São Paulo – SP – Brasil
☎ (11) 3707-3500
www.companhiadasletras.com.br/brinquebook
www.blogdaletrinhas.com.br
/brinquebook
@brinquebook

A marca FSC® é a garantia de que a madeira utilizada na fabricação do papel deste livro provém de florestas que foram gerenciadas de maneira ambientalmente correta, socialmente justa e economicamente viável, além de outras fontes de origem controlada.

Esta obra foi composta em Apercu e impressa pela Gráfica HRosa em ofsete sobre papel Alta Alvura da Suzano S.A. para a Editora Brinque-Book em abril de 2024

PARA LAURA,
BJOS

Eu sou o meu nome?

Você tem um nome, mas o seu nome não é você. Ele é só um amontoado de letras. Você, com qualquer outro nome, ainda seria você! Essas vogais e consoantes não determinam quem você é ou virá a ser. Mas, como foi dado por alguém que lhe quer bem, guarde-o com carinho!

Eu sou o lugar onde nasci?

O lugar de onde você vem pode levar você a preferir *sushi* ou espaguete. E pode também influenciar sua maneira de falar e vestir. Mas não importa em que lugar da Terra você nasceu. Todos somos criaturas do mesmo planeta, navegando em volta da mesma estrela, admirando a mesma Lua. Grandes e pequenas cidades aparecem e desaparecem. As nações e fronteiras são todas inventadas! O lugar de onde você vem é a Terra, e isso vale para todas as outras pessoas.

Eu sou as minhas coisas?

As coisas que você tem podem lhe ajudar a realizar grandes feitos e a compartilhar bons momentos com os outros, mas elas nunca farão você ser quem você é. Seus pertences vão mudando conforme você muda, por isso é bom aprender a compartilhar e desapegar. E, à medida que você cresce, começa a perceber que quanto mais você sabe, de menos coisas precisa.

Eu sou o meu gênero?

Você é muito mais do que o seu gênero. Meninas, meninos... enfim... independentemente de gênero, nós fazemos parte do mesmo todo. Somos apenas pessoas, e todas as pessoas têm o mesmo valor.

Eu sou a cor da minha pele?

A pele é sua roupa de astronauta em sua grande viagem em volta do Sol. As roupas podem ter diversas cores, mas a cor da sua roupa não faz você ser quem você é. A pele mantém todas as coisas boas dentro de você, e as ruins, de fora! Não duraríamos muito sem essa roupa espacial, por isso é bom cuidar bem dela e orgulhar-se de sua linda cor.

Então, se eu não sou a minha pele, eu sou os meus músculos?

Os músculos são uma parte maravilhosa do seu corpo, mas não fazem você ser quem você é (por mais musculoso que você seja). Seus músculos lhe permitem ir a lugares próximos ou distantes. Para mantê-los fortes, faça muitos exercícios!

- Têmporas
- Occipitofrontal
- Vários músculos minúsculos da mão
- Bíceps braquial
- ~~Braquiossauro~~ Braquiorradial
- Peitoral
- Tríceps
- Músculos abdominais
- Oblíquo
- Quadríceps femoral
- Sartório
- Músculos da panturrilha
- Conselho não solicitado: se seus joelhos são salientes desse jeito, vá ao médico imediatamente!
- Vários músculos do pé
- Tibial anterior

OK, certo... então eu sou os meus ossos?

O esqueleto lhe permite manter-se de pé e protege o que está dentro de você. Sem os ossos, o corpo seria como um grande saco de sopa morna, rolando por aí como uma água-viva na areia da praia. Os ossos não fazem você ser quem você é, mas lembre-se de escovar os dentes pelo menos três vezes ao dia (a não ser que se conforme a se alimentar só de sopa).

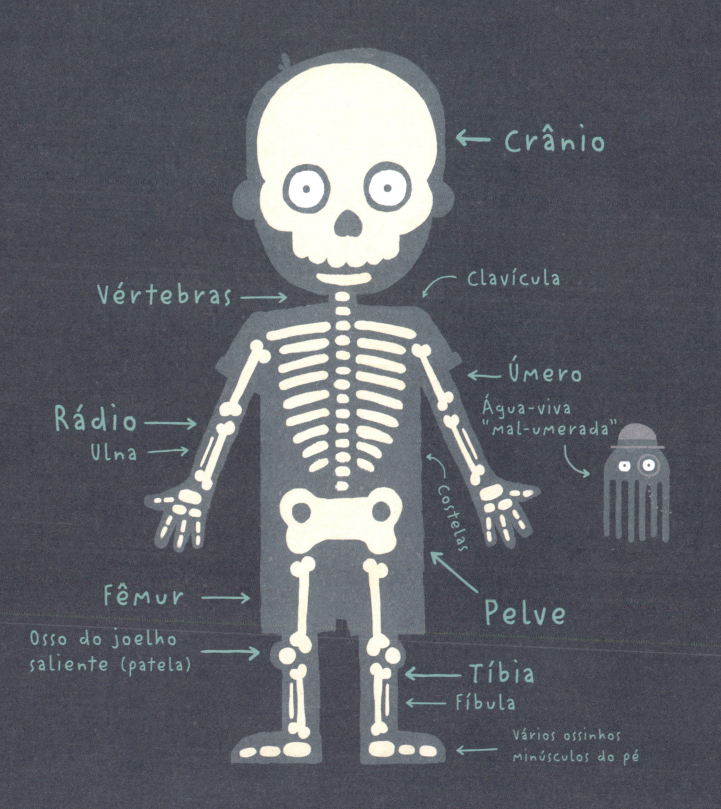

E meu estômago, meus intestinos e tudo mais?

Esses órgãos mantêm seu corpo ativo, mas não definem quem você é. Alimente-os com comida saudável, coma muitas folhas e não exagere nas guloseimas. Beba bastante água e respire fundo. Se você cuidar de seu corpo, ele cuidará de você.

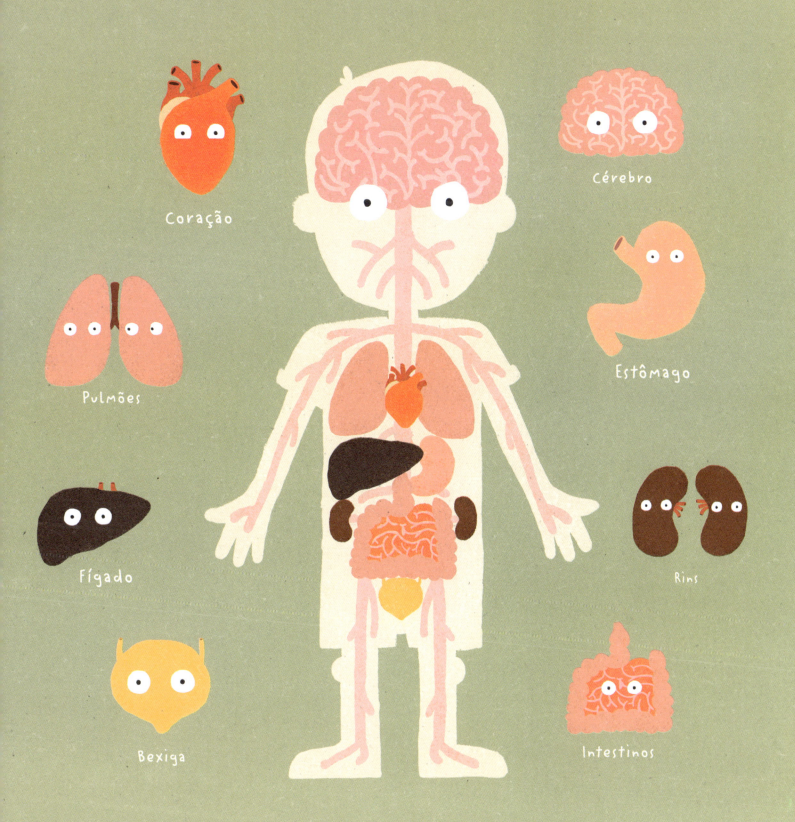

Observação muito importante: apesar das aparências, só um desses órgãos é a sede do pensamento. E não é a bexiga.

19

Eu sou os meus sentidos?

Seus sentidos têm uma função muito importante. Por meio de pequenos impulsos elétricos, eles convertem, muito habilmente, os objetos do mundo exterior em informação que o cérebro pode entender: "Que frio!", "Ai!", "Eca, que cheiro ruim!". De fato, eles são muito úteis. Permitem que você se mantenha bem-disposto, saudável e em segurança... mas seus sentidos não fazem você ser quem você é.

Eu sou os meus pensamentos?

Você, e apenas você, tem acesso a seus pensamentos. Eles são só ideias e lembranças que passam por sua mente. Você não é seus pensamentos em si, e conseguirá mudá-los se tentar. Guarde os bons pensamentos e deixe os ruins de lado. A mente levará você para muito mais longe do que seu corpo jamais conseguirá fazer, então alimente-a com coisas novas todos os dias. Seja gentil com a sua mente, dê-lhe descanso e muito divertimento.

Eu sou os meus sentimentos?

Os sentimentos, emoções e instintos são iguais aos pensamentos, mas vêm de um lugar muito mais profundo da mente. Suas emoções podem lhe ensinar muitas coisas que os pensamentos não conseguem. Então, aprenda com os seus sentimentos, emoções e instintos. Confie neles, mas, tal como você faz com os pensamentos, lembre-se de deixar os ruins de lado.

Agora estamos nos aproximando de quem você é...

Então, se eu não sou
meu nome
o lugar onde nasci
as coisas que possuo
meu gênero
a cor da minha pele
meus músculos
meus ossos
meus órgãos
meus sentidos
meus pensamentos ou
meus sentimentos...
Quem sou eu?

27

Bem, todas essas coisas fazem parte de você, mas seu verdadeiro ser é bem maior do que qualquer uma dessas pequenas partes.

No momento, você é um ser humano minúsculo (um em oito bilhões, mais ou menos...), flutuando por este multiverso, nesta pequena e maravilhosa nave espacial que chamamos de Terra.

Você e seus companheiros de viagem vêm do mesmo lugar e são feitos da mesma matéria. Todos compartilhamos desejos, medos, alegrias e amor. Nós todos existimos como pessoas distintas, mas estamos profundamente conectados, bem além dos limites de nosso corpo, mente e fronteiras.

Somos todos um só. Mas quem é você?

Vagando em algum lugar atrás de seus olhos está a coisa que faz você ser quem você é. Seu verdadeiro eu. Essa parte do seu ser é bem misteriosa. Nós todos sabemos que ela está lá, mas não conseguimos chegar a um acordo sobre o que é ou como se chama. Alguns a chamam de alma, outros, de mente, e ainda outros, de atmã.

Como quer que você a chame, essa é a parte de você que vê o que você vê, pensa o que você pensa e sente o que você sente.
Ela sempre esteve aqui e sempre estará.

Isso é quem você é.

Esta obra não tem pretensões didáticas. Ela busca despertar sua curiosidade para que você procure conhecer um pouco mais sobre si... sobre seus músculos, seus sentidos, seus pensamentos e... bem... o que mais você quiser descobrir, investigar e aprender sobre todos nós!

SOBRE O AUTOR E ILUSTRADOR

Philip Bunting cresceu na Inglaterra, mas mudou-se para a Austrália com vinte e poucos anos. O autor e ilustrador publicou seu primeiro livro em 2017. Hoje, ele tem obras traduzidas para diversos idiomas e publicadas em mais de 30 países. Muitas delas receberam premiações de instituições do livro, como a Kate Greenaway Medal, da Inglaterra, e o Children's Book Council, da Austrália. Bunting acredita que quanto mais divertidas forem as leituras da primeira infância, maiores serão as chances de a criança desenvolver suas habilidades leitoras para, no futuro, encarar a leitura e o aprendizado como atividades prazerosas e significativas.

Quem sou eu? *foi eleito um dos melhores livros infantis do ano de 2021 pelo Children's Book Council da Austrália.*

SOBRE A TRADUTORA

Gilda de Aquino nasceu em 1935, no Rio de Janeiro. Formou-se em Letras Anglo-Germânicas na PUC-RJ e fez mestrado em Linguística na Universidade de Washington, nos Estados Unidos. Já traduziu mais de 200 títulos da Brinque-Book, muitos dos quais ganharam o prêmio de Melhor Tradução da Fundação Nacional do Livro Infantil e Juvenil (FNLIJ).